Anja Engelhardt

Tom und der Zauberstein

LEVEL 1 2 3

Anja Engelhardt

Tom und der Zauberstein

Mit Zeichnungen von
Jule Pfeiffer-Spiekermann

Hase und Igel®

Als Titel der Reihe LEVEL 1, 2, 3
liegt dieses Buch in drei Schwierigkeitsstufen vor.

Außerdem gibt es dazu für Lehrkräfte
ein ausführliches Begleitmaterial beim Hase und Igel Verlag.

MIX
Papier aus verantwortungsvollen Quellen
FSC® C043106

www.hase-und-igel.de
Lektorat: Patrik Eis
Satz: Appel Grafik München GmbH
Druck: Grafisches Centrum Cuno GmbH & Co. KG

ISBN 978-3-86316-110-1
1. Auflage 2021

1. Kapitel

Thomas Sprott geht in die vierte Klasse der Mayernhofer Grundschule. Die anderen Kinder machen sich gerne über ihn lustig. Sie rufen dann: „Die Sprotte kommt!“, oder, was noch schlimmer ist: „Hallo, Fischmaul!“ Als ob er ein Fisch wäre!

Tom versucht sich nicht darüber zu ärgern. Immerhin gibt es Kurt, seinen Freund, der ihn in solchen Momenten tröstet.

Vor allem aber ist sich Tom ganz sicher: Eines Tages wird er der größte Zauberer der Welt sein – Zaubermeister Tom Sprottinski! Er wird es allen zeigen und sie in schleimige Karpfen mit riesigen Glupschaugen verwandeln. Mal sehen, ob sie ihn dann noch verspotten können …

Auch seinen Bruder Kai wird er verzaubern. Vielleicht in eine fette, glitschige Qualle oder, noch besser, in einen Wurm. Denn in Toms Augen ist Kai ein Fiesling, der ihn ärgert und verprügelt, nur weil er ein Jahr älter und deshalb fast zwei Köpfe größer ist.

Erst gestern hat Kai ihn in den See geworfen. Mit allen Kleidern! Die anderen Kinder haben schallend gelacht. Tom wollte es ihm heimzahlen und legte ihm eine Reißzwecke auf den Stuhl. Doch leider bemerkte Kai sie – und als Tom Hausaufgaben machen wollte, setzte er sich selbst hinein.

Nur manchmal, wenn andere Kinder Tom ärgern, hält Kai auf einmal zu ihm. Dann erinnert er sich daran, dass Tom immerhin sein Bruder ist.

An diesem Morgen ist Tom schon um fünf Uhr wach. Zusammen mit ihrer Schwester Elisa dürfen er und Kai in der Osterwoche zu den Großeltern. Alle freuen sich wahnsinnig darauf.

Tom wälzt sich in seinem Bett hin und her. Er kann nicht mehr schlafen. Durchs Fenster sieht er die Sonne aufgehen. Leise schleicht er sich aus dem Zimmer und geht im Schlafanzug mit seinem Hund Jack in den Garten.

Jack freut sich sehr, dass Tom heute schon so früh mit ihm herumtollt. Immer wieder springt er an ihm hoch und leckt ihm mit seiner breiten, nassen Schlabberzunge die Hände. Dann jagt er hinter dem alten, zerkauten Tennisball her, den Tom weit über die Wiese wirft. Schwanzwedelnd legt der Hund ihn wieder vor Toms Füße.

Um sechs Uhr gehen beide ins Haus zurück. Die Zeit will heute einfach nicht vergehen. Jack lässt sich hechelnd auf dem Wohnzimmersofa nieder und schaut Tom mit seinen braunen Augen zu, wie er den Fernseher einschaltet.

Tom hat Glück: Er landet bei einem Trickfilm, in dem es um einen Zauberer geht. Aber er bekommt kaum etwas von dem Film mit, denn er gerät schon wieder ins Träumen. Er sieht sich selbst als Zaubermeister. Kai ist neben ihm nur ein kleiner Wicht. „Abrakadabra!“, sagt Tom in seinem Tagtraum – und schon hat er Bärenkräfte. Mit zwei Fingern hebt er seinen Bruder am Pullover hoch. Kai schreit, zappelt mit den Beinen und fleht ihn ängstlich an, noch einmal Gnade mit ihm zu haben. Doch Tom schleudert

ihn einfach mit einer lässigen Bewegung in den See. Diesmal lachen die Kinder über Kai. Ein zufriedenes Grinsen breitet sich auf Toms Gesicht aus.

Plötzlich holt ihn ein kräftiger Schlag auf den Kopf in die Wirklichkeit zurück.

Kai steht mit zerzaustem Haar hinter ihm. „Was grinst du denn so dämlich?“, fragt er und lacht schallend, weil Tom dermaßen erschrocken ist.

„Blödmann“, murmelt Tom leise. Jetzt erst hört er, dass seine Mutter schon in der Küche mit dem Geschirr klappert. Die Brüder gehen zum Frühstück.

Schließlich haben alle gegessen und sind angezogen. Mama drückt jedem einen Kuss auf die Wange und ab geht es zu den Großeltern. Papa fährt die Geschwister mit dem Auto hin. Die Fahrt zieht sich endlos.

Oma und Opa wohnen in einem uralten Haus am Waldrand. Die Kinder können im Wald spielen, Tiere beobachten oder den Dachboden und die Kellergewölbe durchstöbern. Dort stehen viele alte Sachen herum, manche haben einmal den Urgroßeltern von Oma und Opa gehört.

Tom freut sich besonders auf Fritzi, ein rotbraunes Eichhörnchen aus dem Wald. Es ist so zahm, dass es sich kleine Leckerbissen direkt aus Omas Hand holt.

Auch zu ihm und Elisa ist Fritzi letztes Jahr zum ersten Mal gekommen. Nur Kai brachte nicht die nötige Geduld auf, das Zutrauen des Eichhörnchens zu gewinnen, und war deshalb den ganzen Tag lang stinksauer. Er warf sogar mit einem Ball nach Fritzi. Tom sah das – und schon gab es eine wilde Prügelei. Leider ist Kai wie immer der Stärkere gewesen. Zum Schluss saß er auf Toms Brustkorb, drückte mit den Knien seine Arme auf den Boden und zerrte an Toms Haaren.

Wenigstens kam Opa in diesem Moment angelaufen und packte Kai am Kragen. Der Nachtisch wurde daraufhin beiden Kindern gestrichen. Denn verpetzen konnte Tom seinen Bruder einfach nicht. Außerdem hätte Kai sich bestimmt an ihm gerächt.

Gegen Mittag kommen sie an. Papa umarmt die Kinder und wiederholt noch einmal alle Ermahnungen, die Eltern in solchen Fällen offenbar loswerden müssen: „Seid schön brav! Hört auf Oma und Opa! Geht nicht so spät ins Bett! Ruft an!“

Zum Schluss sagt er zu Tom und Kai: „Prügelt euch nicht! Sprecht bitte miteinander!“ Dann redet er kurz mit den Großeltern und fährt davon.

Sie gehen alle ins Haus. Es duftet nach gegrilltem Hähnchen und Pommes. Tom läuft das Wasser im Mund zusammen. Er hat einen Riesenhunger, weil er heute früh vor Aufregung nur wenig hinuntergebracht hat. Oma holt den Kindern noch Saft und sie essen zu Mittag.

Auch der alte Cockerspaniel Max bekommt etwas ab. Tom und Elisa hat er freudig begrüßt. Nur vor Kai ist er mit eingezogenem Schwanz geflohen, weil der ihn letztes Jahr in den Teich geworfen hat. Kai ist deshalb schon wieder eingeschnappt.

Zum Nachtisch gibt es Vanilleeis mit Himbeeren. Pappsatt packen die Kinder anschließend ihre Koffer aus.

Als Tom fertig ist, läuft er schnell mit einem Brötchen in den Garten und ruft: „Fritzi, komm her!“ Wenig später hört er ein Rascheln. Langsam und aufmerksam klettert Fritzi an einem Baumstamm herunter. Er springt über die Wiese, bleibt einige Meter vor Tom stehen und schaut sich wachsam um. Tom zerbröselt das Brötchen und wirft Fritzi ein Stückchen davon hin.

Vorsichtig kommt das Eichhörnchen etwas näher, nimmt das Stück zwischen die Vorderpfoten und verspeist es genüsslich. Tom geht in die Hocke und hält Fritzi auf der flachen Hand ein zweites Stück Brötchen hin. Das Eichhörnchen schleicht noch ein bisschen näher, richtet sich vor Tom auf und betrachtet ihn unentschlossen.

Gerade als Fritzi sich das Fressen holen will, rennt Kai aus dem Haus. Er schreit und fuchtelt wild mit den Armen. Das Eichhörnchen erschrickt und flitzt in den Wald zurück.

Wütend dreht sich Tom zu Kai um. Der aber fängt nur an zu lachen und äfft den Gesichtsausdruck seines Bruders nach. Tom will Kai gerade einen Tritt verpassen, als Opa mit Elisa aus dem Haus kommt.

„Was ist denn hier los?“, fragt Opa.

„Och, nichts“, antwortet Kai und schaut Tom warnend an.

„Gut“, meint Opa. „Wir wollen jetzt ins Schwimmbad. Kai sollte dich eigentlich nur holen. Packt eure Sachen zusammen, damit wir loskönnen!“

Kai und Elisa stürmen ins Haus, um ihre Badesachen zu holen. Tom aber bleibt bei Opa im Garten. Er denkt an die unzähligen Male, die er mit Kai im Schwimmbad war. Schon oft hat Kai ihn immer und immer wieder mit dem Kopf untergetaucht. Für Kai ist das wahnsinnig lustig, Tom findet es jedoch einfach bloß anstrengend. Es ist wirklich kein Vergnügen, mit so einem Bruder schwimmen zu gehen.

Deshalb sagt Tom zu seinem Großvater: „Geht nur! Ich bleibe lieber bei Oma."

2. Kapitel

Nachdem seine Geschwister mit Opa losgezogen sind, bleibt Tom noch eine Weile im Garten. Aber Fritzi lässt sich nicht mehr blicken. Deshalb beschließt Tom, in den alten Sachen im Keller zu stöbern.

Er läuft ins Haus und kramt in der Küchenschublade nach einer Taschenlampe. Dann geht er in den Keller hinunter. Trotz des elektrischen Lichts ist es dort in den Ecken und Nischen ziemlich dunkel.

In einer Truhe findet Tom uralte Kleidung. Er zieht sich einen Anzug an und spielt einen vornehmen Herrn von früher. Vor sein linkes Auge klemmt er sich eine Brille, die nur aus einem runden Glas besteht – ein Monokel. Dann schnappt er sich noch einen Spazierstock mit einem silbernen Wolfskopf als Griff und schreitet durch den Keller.

Plötzlich entdeckt er eine kleine, niedrige Holztür, die fast vollständig von einer Kommode verdeckt wird. Diese Tür hat Tom noch nie gesehen!

Er legt das Monokel und den Stock weg und zieht den Anzug schnell wieder aus. Dann stemmt er sich gegen die Kommode, doch sie bewegt sich kein bisschen. Jetzt wird er immer neugieriger.

Hinter dieser Wand ist das Haus eigentlich zu Ende. Kann es dort einen Raum geben?

Noch einmal stemmt sich Tom mit aller Kraft gegen die Kommode. Sie bewegt sich aber nur wenige Millimeter. Deshalb zieht er die unterste Schublade heraus. Schwer plumpst sie auf den Boden. Noch mehr alte Kleider liegen darin – doch dafür interessiert sich Tom im Augenblick überhaupt nicht. Auch die zweite Schublade zieht er heraus. Sie fällt polternd und klappernd auf die untere. Einige Metallgegenstände purzeln auf den Kellerboden – egal.

Nun noch die oberste Schublade! Als diese auf die beiden anderen kracht, beginnt der Turm zu wackeln, kippt aber glücklicherweise nicht um.

Tom schiebt die Schubladen ein paar Zentimeter von der Kommode weg. Das geht ziemlich schwer und er muss sich immer wieder ausruhen. Dann stemmt er sich fest mit dem Rücken gegen die leere Kommode. Millimeter um Millimeter rückt er sie zur Seite.

Endlich hat Tom es geschafft. Er ist völlig erschöpft, aber die Neugier treibt ihn weiter an. Die Holztür ist

nun besser sichtbar. Sie besteht aus zwei Teilen, doch die Türflügel lassen sich einfach nicht bewegen. Tom kann auch kein Schlüsselloch entdecken. Ein paarmal wirft er sich gegen die Tür, aber außer einem Knarren tut sich nichts – bloß seine Schulter schmerzt.

Soll er jetzt aufgeben? Nur weil eine lumpige Holztür, die kleiner ist als er selbst, sich nicht öffnen lassen will? Enttäuscht sinkt er auf den staubigen Boden. Was nun?

Da fällt ihm Opas Brecheisen ein, das in der Scheune liegt. Hat er genug Kraft, um damit die Tür aufzustemmen?

Er muss es auf jeden Fall schaffen, bevor Opa, Elisa und Kai nach Hause kommen. Hinter der Tür verbirgt sich bestimmt ein großes Geheimnis. Das will Tom mit niemandem teilen, schon gar nicht mit Kai.

Schnell läuft er die Treppe hinauf und schleicht sich an der Küche vorbei, in der Oma gerade Apfelstrudel backt. Hastig durchsucht er den Werkzeugschrank in der Scheune, schnappt sich das Brecheisen und rennt ins Haus zurück. Da fällt die Haustür zu.

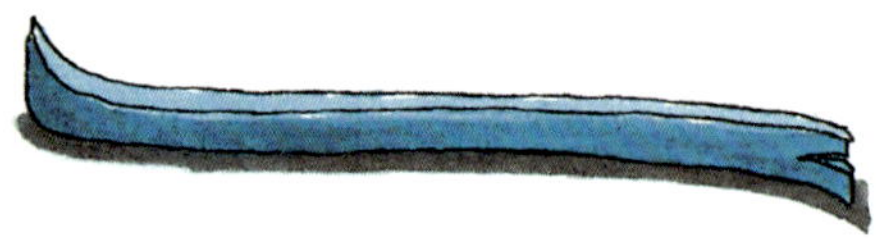

„Tom?", ruft Oma aus der Küche.

Tom lehnt das Eisen gegen die Wand und läuft zu ihr. „Ja, was ist?"

„Was spielst du denn?", will Oma wissen.

„Ach, ich stöbere nur ein bisschen in den alten Kleidern im Keller."

„Hast du keinen Hunger? Opa, Kai und Elisa essen bestimmt im Schwimmbad eine Kleinigkeit."

„Nein, ich esse später deinen Strudel, wenn die anderen zurück sind“, meint Tom ungeduldig.

„Das kann bis heute Abend dauern! Komm, ich mach dir wenigstens ein Salamibrot.“

Tom kann sich kaum noch zurückhalten. Wie auf heißen Kohlen wartet er, bis Oma ihm endlich das belegte Brot in die Hand drückt.

Im Flur schnappt er sich mit der anderen Hand das Brecheisen und rennt in den Keller zurück. Achtlos legt er das Brot auf eine Truhe und läuft wieder in den hinteren Kellerteil zur geheimnisvollen Holztür.

Tom schiebt das Brecheisen zwischen die beiden Türflügel und stemmt sich mit aller Kraft dagegen. „Hoffentlich sind Oma und Opa nicht böse, wenn sie die kaputte Tür sehen“, geht es ihm dabei durch den Kopf. Aber irgendwie ahnt er, dass die beiden gar nichts von der Tür wissen. Er hört Holz splittern. Immer wieder bewegt er das Eisen hin und her.

Langsam gibt die Tür nach und öffnet sich knarrend ein kleines Stück. Tom schlägt das Herz bis zum Hals. Die Dunkelheit hinter der Öffnung scheint durch den Spalt nach ihm zu greifen.

Tom fasst in den Spalt und schiebt die Tür immer weiter auf. Die Taschenlampe wirft nur einen matten Schein in den Raum dahinter.

Zur selben Zeit taucht Kai durch das große Becken des Hallenbads. Er schafft es mittlerweile schon durch das halbe Becken. Elisa plantscht derweil im Nichtschwimmerbecken. „Na ja, sie ist eben nur ein kleines Mädchen“, denkt Kai.

Aus Spaß hat er sie vorhin untergetaucht. Heulend ist sie wieder an die Wasseroberfläche gekommen. Und Opa war richtig sauer auf ihn.

Irgendwie versteht keiner aus seiner Familie, dass er nur harmlose Scherze macht. Ständig beschweren sich seine Geschwister, und die Eltern oder Großeltern schimpfen mit ihm. Dabei will er eigentlich niemandem wehtun. Er möchte nur etwas Schwung ins langweilige Familienleben bringen.

Kai steigt aus dem Becken und macht eine Wasserbombe vom Beckenrand. Schon den ganzen Tag denkt er darüber nach, wie er Tom, diesen Jammerlappen, erschrecken könnte. Vielleicht sollte er irgendwo eine Kröte verstecken. Tom hasst schleimige Tiere. Er könnte ihm heute Nacht auch einen Schnurrbart mit wasserfestem Stift ins Gesicht malen. Dann müsste Tom ganz schön schrubben! Fröhlich klettert Kai auf den Turm und springt grinsend vom Dreimeterbrett.

Elisa sieht das – und ahnt, dass ihr Bruder sich gerade wieder eine Gemeinheit ausdenkt.

3. Kapitel

Tom hockt an der Türschwelle und lässt den dünnen Lichtstrahl der Taschenlampe durch den kleinen, finsteren Raum streifen. Kahle Mauern erheben sich vor ihm. Der Raum scheint leer zu sein. War all die Mühe umsonst?

Enttäuscht setzt Tom sich hin. Er ist erschöpft. Noch einmal leuchtet er alles ab. Nichts gibt es in dem Gewölbe! Nur ein rostiger Eisenring liegt in einer Ecke auf dem Boden. Nach all der Anstrengung kann er sich den Ring wenigstens einmal aus der Nähe ansehen.

Müde steht er auf und geht langsam in die Kammer hinein. Die Taschenlampe kann die Finsternis kaum

vertreiben. Tom fühlt sich unwohl. Neben dem Eisenring geht er in die Hocke und betrachtet den rostigen Gegenstand genauer. Tom versucht ihn aufzuheben, doch er ist im Boden verankert. Da fällt Tom auf, dass sich um den Ring ein viereckiger Spalt durch den Boden zieht – die Luke zu einem Geheimversteck?!

Tom steckt einen Finger durch den Eisenring und zieht. Das bringt leider gar nichts. Jetzt packt er den Ring mit beiden Händen und zerrt kräftig daran. Ganz langsam hebt sich eine Platte aus dem Boden. Tom zieht und zieht – bis er die Platte endlich neben die Mulde schieben kann.

Gerade will er mit der Taschenlampe in das düstere Loch leuchten, als hinter ihm etwas quietscht. Erschrocken fährt Tom herum. Der eine Türflügel schließt sich knarrend. Wie kann das sein? Er ist doch allein im Keller! Leise schleicht Tom zu der ächzenden Tür und blickt vorsichtig hinaus. Niemand ist zu sehen. Da bemerkt Tom ein zerbrochenes Kellerfenster, durch das die Luft hereinbläst. Hoffentlich hat nur der Wind die kleine Holztür bewegt …

Unentschlossen bleibt Tom stehen. Er will unbedingt wissen, was in dem Loch ist. Aber er hat auch Angst, in dem Versteck eingeschlossen zu werden oder etwas noch Schlimmeres zu erleben. Schließlich siegt seine

Neugier. Vorsichtig geht Tom zur Mulde zurück und kniet sich hin. Immer wieder blickt er sich um, ob irgendetwas oder irgendjemand hinter ihm steht. Doch er kann nichts entdecken.

Tom leuchtet in die kleine Grube. Kellerasseln krabbeln erschrocken hin und her. Das Loch ist etwa zwanzig Zentimeter tief und auf dem Boden steht eine alte, vermoderte Holzkiste. Tom hebt sie heraus. Er stellt die Kiste auf dem Kellerboden ab und schiebt die Eisenplatte wieder auf das Loch. Dann nimmt er die Kiste und verlässt die Kammer. Er schließt die Holztür und rückt, so schnell es geht, die Kommode davor. Auch die Schubladen schiebt er in ihre Fächer zurück. Anschließend rennt er eilig mit der Kiste und der Taschenlampe aus dem Keller, denn dort fühlt er sich nun sehr unbehaglich.

Aus Angst, Kai könnte bald zurückkommen und ihm seinen Fund wegnehmen, beschließt Tom in den Wald zu laufen und die Truhe dort aufzumachen. Einige Minuten kämpft er sich durch das Unterholz und springt über dicke Wurzeln. Dann findet er eine kleine Lichtung und setzt sich auf ein Polster aus Moos.

Zum ersten Mal schaut er sich die vermoderte Kiste genauer an und bemerkt, dass sie verschlossen ist. Enttäuscht stellt er sie zur Seite.

Plötzlich fällt ihm sein Taschenmesser ein. Schnell holt er es aus seiner Hosentasche, klappt es auf und schiebt die Spitze unter den Deckel. Dann bewegt er sie hin und her. Langsam splittert das Holz und das Schloss gibt nach.

Tom öffnet den Deckel und schaut in die Kiste. Darin liegen nur ein altes Buch und ein grünlich schimmernder Stein. Die ganze Mühe für ein zerfleddertes Buch und einen Steinbrocken? Dabei hat Tom auf einen Schatz gehofft. Er wollte Gold, Perlen und alte Silbermünzen, aber bestimmt kein blödes Buch mit einem wertlosen Stein. So ein Mist!

Ohne große Lust schaut sich Tom das Buch genauer an. Er hat Schwierigkeiten, den Titel zu entziffern, denn er ist in altdeutscher Schrift geschrieben: *Samm-lung der ge-hei-men Zau-ber…* – Gibt es das wirklich? Werden jetzt auf einmal alle seine Träume wahr?

Tom hält vor Aufregung den Atem an.

Kai schießt gerade die Riesenwasserrutsche hinunter, als Opa mit Elisa an der Hand am Beckenrand auftaucht.

„Komm raus, Kai! Wir wollen etwas essen“, ruft Opa ihm zu.

Kai schwimmt zur Treppe und klettert aus dem Becken. Es ist ein schöner, sonniger Nachmittag und die Kinder haben zusammen viel Freude.

Opa aber denkt an Tom und macht sich Sorgen. Der Junge ist lieber zu Hause geblieben und lässt sich den ganzen Spaß entgehen. Opa ahnt, dass das an Kai liegt, der seine jüngeren Geschwister ärgert und ihnen Streiche spielt. Die beiden Kleinen können sich einfach nicht wehren.

Opa beschließt, Kai von jetzt an besser im Auge zu behalten. Warum ist der Junge bloß so streitlustig?

Nach dem Essen gehen Elisa, Kai und Opa noch ein bisschen ins große Schwimmbecken. Opa übt dort geduldig mit seiner Enkelin Brustschwimmen. Später rutschen die drei noch ein paarmal kreischend die Riesenwasserrutsche runter. Dann ziehen sie sich an, föhnen ihre Haare und machen sich vergnügt auf den Heimweg.

Als sie zu Hause ankommen, riecht es schon verführerisch nach Omas Apfelstrudel.

„Wo ist denn Tom?“, fragt Elisa.

„Ach, der stöbert bestimmt noch im Keller herum“, meint Oma.

Opa geht nachsehen. Doch alles, was er findet, ist das angebissene Salamibrot auf der alten Truhe.

„Na ja, der Junge wird schon wieder auftauchen, wenn er Hunger hat“, sagt Opa, als er in die Küche zurückkommt.

Tom hat den Titel des Buches endlich vollständig entziffert. Er ist begeistert! Auf dem Umschlag steht doch tatsächlich:

Sammlung
der geheimen Zaubersprüche
des großen Zaubermeisters
Miromax Miranox

Schnell schlägt Tom die erste Seite auf. Nur langsam kann er die Worte lesen:

Der Besitzer dieses Buches und des grünen Zaubersteins hält die Macht des großen Zaubermeisters Miromax Miranox in seinen Händen. Die Zauberkraft des großen Miromax wird durch Euch wirken.

Tom blättert aufgeregt das Buch durch. Es gibt Zauberformeln für alles Mögliche. Man kann damit Reichtümer herbeiwünschen, Menschen in Tiere verwandeln und Krankheiten weghexen.

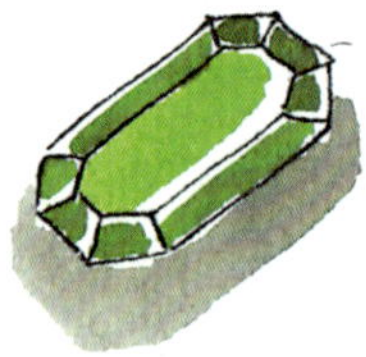

Nach einiger Zeit sieht Tom auf seine Uhr. Er hat gar nicht gemerkt, wie spät es schon geworden ist. Es ist Zeit zum Abendessen. Schnell steckt er den Zauberstein in die Hosentasche und vergräbt die Holztruhe mit dem Buch neben einem Baum.

Er würde sie natürlich lieber mit nach Hause nehmen, hat aber zu große Angst, dass Kai ihm alles wegnimmt. Bestimmt ist sein Bruder mit Opa und Elisa schon aus dem Schwimmbad zurück.

Tom rennt zu seinen Großeltern nach Hause. Als er durch die Küchentür kommt, sieht Oma richtig erleichtert aus. „Wo warst du denn so lange? Wir haben uns Sorgen gemacht!"

„Ach, ich hab bloß mit Fritzi im Wald gespielt und nicht auf die Uhr gesehen."

Alle glauben ihm, nur Kai sieht ihn ein bisschen misstrauisch an.

„Der wird mich ab jetzt bestimmt im Auge behalten", denkt Tom. „Ich muss vorsichtig sein."

Hungrig stürzen sich die Kinder auf Großmutters Apfelstrudel mit Vanillesoße. Nach dem Abendessen schauen sie noch ein bisschen fern und fallen dann müde ins Bett. Obwohl auch Tom sehr erschöpft von den Anstrengungen im Keller ist, kann er vor Aufregung nicht einschlafen. Er muss die ganze Zeit an das Zauberbuch und den grünen Stein denken.

„Ach, wenn es doch schon Morgen wäre! Dann könnte ich ein paar von den Zauberformeln ausprobieren", grübelt Tom. „Aber kann das alles wirklich wahr sein?"

Es kommt Tom wie eine Ewigkeit vor, bis Elisa und

Kai endlich eingeschlafen sind. Er hört seinen Bruder leise schnarchen.

Vorsichtig schlüpft Tom aus dem Bett und schleicht auf Zehenspitzen zu seiner Hose. Er holt behutsam den grünen Zauberstein aus der Tasche und schließt seine Hand fest um ihn. Langsam kriecht Tom in sein Bett zurück. Im Dämmerlicht, das durch den Vorhang fällt, betrachtet er lange den glänzenden Stein.

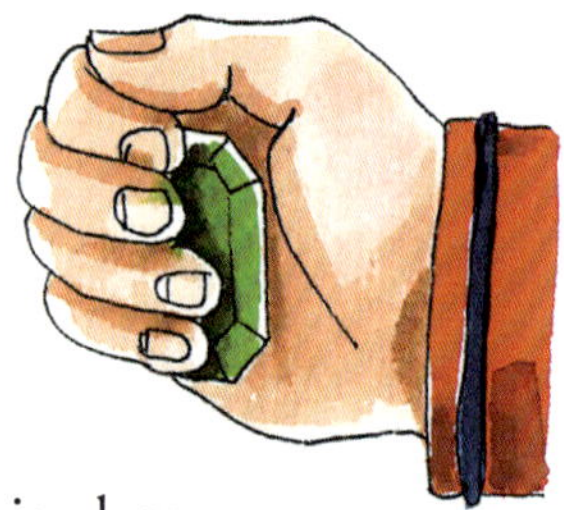

Wenn tatsächlich stimmt, was in dem Zauberbuch steht, dann kann er sich endlich gegen Kai wehren. Vielleicht findet er auch noch ein paar Freunde. Nie mehr bräuchte er vor irgendwem oder vor irgendwas Angst zu haben!

Tom wird schläfrig. Der Stein in seiner Hand übt eine beruhigende Wirkung auf ihn aus. Leise versteckt er ihn unter seiner Matratze und schlummert bald darauf entspannt ein.

4. Kapitel

„Frühstück, ihr Schlafmützen!“, weckt Oma die Geschwister am nächsten Morgen. „Zieht euch die Pantoffeln an und kommt runter! Ich hab Waffeln gebacken. Na los, beeilt euch!“

Verschlafen kriechen die drei aus den Betten. Die Aussicht auf Omas selbst gebackene Waffeln lässt sie dann aber schnell die Treppe hinunterlaufen.

Nachdem sie Omas Waffeln verputzt und sich gewaschen haben, gehen Elisa und Tom in den Garten, um Fritzi zu füttern. Oma hat ihnen Haselnüsse gegeben, die sie für das Eichhörnchen gesammelt hat. Kai verzieht sich missmutig ins Wohnzimmer und sieht sich Zeichentrickfilme an.

Später schleicht Tom lautlos die Treppe nach oben und steckt den Zauberstein wieder tief in seine Hosentasche. Heute Nachmittag will er sich davonschleichen und das Buch ausprobieren. Als er gerade zurück in den Garten gehen will, sieht er Kai verstohlen um die Ecke blicken. „Was machst du denn da?“

„Ach, ich … ich hab bloß meine Comics gesucht. Aber ich muss sie wohl zu Hause vergessen haben“, flunkert Tom hastig.

Er merkt genau, dass Kai ihm nicht so ganz glaubt. Es wird schwer werden, heute Nachmittag unbemerkt zu verschwinden.

Endlich ist Mittag. Oma hat Pizza und Salat gemacht. Kai und Elisa schlagen sich den Bauch voll, doch Tom kann kaum etwas essen. Fieberhaft überlegt er, wie er sich allein in den Wald davonstehlen kann.

„Was wollen wir heute noch machen?“, fragt Opa.

„Ich würde am liebsten im Garten spielen“, sagt Elisa.

Kai schaut Tom an.

„Ich möchte auch hierbleiben und draußen spielen. Vielleicht gehe ich ein bisschen mit Max spazieren“, murmelt Tom.

„Dann bleiben wir hier. Oma und ich können den Garten in Ordnung bringen“, entscheidet Opa.

Nach dem Essen macht Großvater ein Nickerchen auf dem Sofa. Elisa spielt im Sandkasten. Tom sitzt währenddessen im Gras und wirft den Ball für Max. Er wartet auf eine Gelegenheit zu verschwinden, doch Kai schleicht die ganze Zeit um ihn herum.

Als sein Bruder schließlich auf die Toilette muss, schnappt sich Tom die Hundeleine und seinen Rucksack. Dann rennt er eilig mit Max aus dem Garten. Ziellos läuft er durchs Dorf und sieht sich immer wieder um. Endlich ist er sicher, dass er nicht verfolgt wird. Er geht in den Wald und macht sich auf die Suche nach dem Ort, an dem er das Zauberbuch versteckt hat.

Da ist der Baum! Ungeduldig gräbt Tom die kleine Truhe aus. Nachdem er Max an einem Baum festgebunden hat, setzt er sich hin und schlägt das Buch auf. Er liest an der Stelle weiter, an der er gestern aufgehört hat. Dort steht:

So werdet Ihr der Nachfolger des großen Zaubermeisters Miromax Miranox: Leget den Zauberstein in Eure flache Hand. Er soll zum Himmel zeigen. Blicket auf den Stein des großen Zauberers und sprechet die Zauberformel:

Mire Mare Masselbar,
einst Miromax der Meister war.
Sure Sare Sauselbein,
nun wird es …, der Große, sein!

Tom legt den Stein in seine flache Hand und spricht langsam und feierlich die Worte:

„Mire Mare Masselbar,
einst Miromax der Meister war.
Sure Sare Sauselbein,
nun wird es Tom, der Große, sein!“

Kai ist inzwischen von der Toilette zurückgekommen und hat gemerkt, dass Tom verschwunden ist. Erst schaut er kurz im Garten nach, dann läuft er zu Elisa und fährt sie an: „Wo ist Tom?“

„Er ist mit Max im Dorf spazieren. Was ist denn los?“

„Mist!“, schreit Kai und stürmt auf die Straße. Er sieht sich nach allen Seiten um – keine Spur von Tom.

„Irgendetwas ist da faul. Tom hat ein Geheimnis“, denkt Kai. „Ich muss unbedingt dahinterkommen! Ich muss ihn finden!“

Kai rennt durch das ganze Dorf, aber er kann seinen Bruder nirgends entdecken. Enttäuscht und wütend läuft er zu den Großeltern zurück. Tom ist immer noch nicht da. Voller Ungeduld setzt sich Kai ans Gartentor und wartet darauf, dass sein Bruder endlich wiederkommt.

Kaum hat Tom den Zauberspruch beendet, leuchtet der Stein strahlend grün in seiner Hand auf. Die Hand wird ganz warm. Tom erschrickt und lässt den Stein beinahe fallen. Gleichzeitig spürt er plötzlich eine große Kraft in sich.

Erwartungsvoll liest er weiter:

Auf den nächsten Seiten findet Ihr die gesammelten Zaubersprüche des großen Zauberers Miromax Miranox.

Tom überfliegt verschiedene Zauberformeln, um sich etwas Passendes für Kai auszusuchen. Sprüche gegen Fieber, gegen Pickel, zum Aufräumen, für mehr Ausdauer beim Sport … Schließlich findet er etwas:

Wenn Euch die Rede eines anderen nicht gefällt, lasset ihn bellen wie einen Hund:

Ero Mero Murumund!
Belle wie ein dummer Hund!

Das ist klasse! So kann er sich gegen Kais blöde Sprüche wehren. Und die anderen werden sicher denken, Kai kläffe absichtlich wie ein Hund.

Aber sollte er seine Zauberkräfte nicht erst einmal ausprobieren? Vielleicht ist das ganze Buch ja doch nur ein großer Schwindel … Tom blättert weiter, um sich einen geeigneten Spruch auszusuchen.

Bald findet er das Richtige:

Sogar die Tiere des Waldes werden Euch dienen. Sprechet einfach die Worte:

… des Waldes,
kommet zu mir her!
Dienet mir, Veralumer!

Sogleich fängt Tom an zu sprechen, wobei er den Stein auf seine flache Hand legt:

„Eichhörnchen des Waldes,
kommet zu mir her!
Dienet mir, Veralumer!“

Es dauert nicht lange, da hört er ein leises Rascheln. Nach und nach kommen von überall her schwarze und rotbraune Eichhörnchen! Sie nähern sich Tom ohne Angst und stellen sich erwartungsvoll vor ihm auf.

Der Junge ist überwältigt. Fassungslos starrt er auf die unzähligen kleinen Tiere. Auch Max liegt regungslos da und versteckt seinen Kopf unter den Pfoten.

Da sagt Tom zu einem Eichhörnchen direkt vor ihm: „Komm her!"

Sofort hüpft es zu ihm und springt auf seinen Schoß. Tom streichelt es behutsam. Es zeigt keinerlei Scheu. Schließlich füttert er die Eichhörnchen mit ein paar Butterkeksen, die er in seiner Hosentasche gefunden hat, und schickt sie in den Wald zurück.

„Mann! Das ist Wahnsinn!", ruft Tom und springt fröhlich um Max herum. „Ich bin ein Zauberer! Ein echter Zauberer!"

Tom steckt das alte Zauberbuch vorsichtig in seinen Rucksack. Dann bindet er Max los und macht sich glücklich auf den Heimweg.

5. Kapitel

Schon seit zwei Stunden sitzt Kai am Gartentor und wartet auf seinen Bruder. Irgendetwas stimmt doch da nicht!

Endlich sieht er Tom um die Ecke kommen. Max springt fröhlich vor ihm her.

Als die beiden das Gartentor erreichen, steht Kai auf und ruft: „Wo warst du denn so lange? Und was hast du in deinem Rucksack? Zeig her!“

Tom ist entsetzt, als sein Bruder auf ihn losspringt und nach dem Riemen seines Rucksacks greift. Wenn Kai jetzt das Buch in die Finger bekommt, war alles umsonst! Toms große Träume vom Zaubern würden – kurz vor ihrer Erfüllung – zerplatzen. Das darf nicht passieren!

Gerade noch rechtzeitig schafft es Tom, seine Hand in die Hosentasche zu stecken, den grünen Stein herauszuziehen und mit zitternder Stimme zu rufen:

„Ero Mero Murumund!
Belle wie ein dummer Hund!“

In Toms Hand leuchtet kurz etwas auf – und ehe Kai sichs versieht, fängt er an zu bellen!

Erschrocken bleibt Max stehen und fällt in das Gekläffe ein. Elisa und die Großeltern blicken auf und sehen Kai verwirrt an. Wütend stürmt dieser auf Tom los und schüttelt ihn.

Er will schreien: Mach, dass es aufhört!, aber man hört bloß: „Wuff, wau wau, wuff, grrr!“

Opa kommt angerannt und reißt Kai von Tom weg. „Was soll denn das? Hör auf mit dem Unsinn!“

Wieder kann Kai nur antworten: „Wau wau wau, wuff wuff!“

Opa wird jetzt richtig böse: „Kai, geh sofort auf euer Zimmer und bleib da, bis du wieder normal mit uns reden willst!“

Aber ich kann überhaupt nichts dafür!, möchte Kai schreien. Doch er kläfft nur: „Wuff, wau, wuff, wau wau!“

Mit hängendem Kopf trottet er die Treppe hinauf ins Zimmer. Max springt knurrend bis zur Tür hinterher. Innerlich kocht Kai vor Zorn. Das wird er seinem Bruder heimzahlen, so viel steht fest!

Er legt sich aufs Bett und denkt nach. Wie hat Tom das nur gemacht? Hat er nicht „Mero Mumu“ oder so etwas Ähnliches gerufen? Sein Bruder wird doch wohl nicht wirklich zum Zauberer geworden sein …

Etwa eine Stunde später kommt Tom ins Zimmer. Der Zauber hat gewirkt und ihm Mut gemacht. „Ab heute lässt du mich in Ruhe!“, sagt Tom bestimmt. „Sonst wird wieder etwas passieren! Du tust ab jetzt, was ich dir sage.“

Kai springt auf und stürzt sich erbost auf seinen Bruder. Er will ihn verprügeln, wie er ihn noch nie verprügelt hat.

Schnell ruft Tom, diesmal mit fester Stimme:

„Risa rosa raus!
Du bist jetzt eine Maus!“

Wie beim letzten Mal glüht etwas in Toms Hand – und im selben Moment hat Kai riesengroße Schuhe vor der Nase, die Schuhe seines Bruders …

Was ist denn jetzt los?, will er fragen. Doch aus seiner Kehle kommt nur: „Piep! Piiiieeeep!“

Tom lacht laut und verlässt das Zimmer.

Voller Panik rennt Kai zum großen Spiegel. Was er sieht, lässt ihn erstarren: Er blickt nicht in sein eigenes Gesicht, sondern in das einer weißen Maus, deren Barthaare nervös zittern.

Was soll er nur tun? Zu seinen Großeltern kann er nicht gehen. Oma würde ihn mit dem Besen verjagen oder kreischend auf einen Stuhl springen. Falls Max ihn erwischt, würde er ihn vielleicht sogar fressen.

Ängstlich verkriecht sich Kai unter seinem Bett. Völlig erschöpft schläft er ein.

Tom geht inzwischen fröhlich in den Garten. „Das wird Kai eine Lehre sein! Der wird mich nicht mehr ärgern!", denkt er. Er setzt sich in die Sonne und blättert in seinem Zauberbuch.

Nach einer Weile tritt Oma aus dem Haus. „Weißt du, wo Kai ist? Er sollte doch auf dem Zimmer bleiben, aber dort ist er nicht und ich kann ihn nirgends finden."

„Ich hab ihn nicht gesehen", meint Tom. Das ist nicht einmal gelogen, denn Kai sieht ja im Moment gar nicht aus wie Kai. Unverrichteter Dinge geht Oma ins Haus zurück.

Tom beschließt, den Zauber aufzuheben. Er nimmt den grünen Stein und murmelt leise:

„Risa rosa raus!
Sei nunmehr keine Maus!"

Der Stein leuchtet grün auf.

Im selben Moment erwacht Kai, weil etwas Kaltes gegen seinen Kopf drückt. Er klemmt unter dem Bett fest. Langsam erinnert er sich, dass er von Tom in eine Maus verwandelt worden ist und sich unter dem Bett verkrochen hat. Das kann doch alles nicht wahr sein! Kai versucht sich zu befreien, aber das Bett ist einfach zu schwer für ihn.

Da kommt Oma ins Zimmer. Sie sieht Kai und ruft: „Was hast du denn nun schon wieder angestellt? Warte, ich hole Opa!"

Gemeinsam heben die Großeltern das Bett an und befreien Kai. Nachdem der Junge herausgekrochen ist, packt Opa ihn am Kragen und setzt sich mit ihm zusammen aufs Bett. „Was soll das alles, Kai? Erst bellst du und hörst nicht mehr auf, dann verschwindest du ohne Erlaubnis aus dem Zimmer und jetzt finden wir dich unter deinem Bett eingeklemmt. Außerdem schlägst du deinen Bruder."

„Das war ich nicht. Das war Tom. Er hat mich verhext! Vorhin hat er mich sogar in eine Maus verwandelt! Ich kann wirklich nichts dafür! Das müsst ihr mir einfach glauben!"

„Eine dümmere Ausrede hab ich noch nie gehört", meint Oma. „Und nun willst du die ganze Schuld auf

deinen kleinen Bruder abwälzen. Schäm dich! Bis zum Abendbrot bleibst du hier im Zimmer."

Verärgert gehen die Großeltern hinaus und schließen die Tür.

Kai wirft sich aufs Bett und schlägt wütend auf sein Kissen ein. Sie glauben ihm nicht! Er kann es ja selbst kaum fassen. Er muss herausfinden, was mit seinem Bruder los ist. Dann wird er es ihm heimzahlen ...

Zum Abendbrot macht Oma Fondue. Kai beobachtet schweigend Tom.

„Morgen gehen wir in den Zoo“, sagt Opa.

„Juhu!“, ruft Elisa so laut, dass Max erschrocken aufspringt und bellt. Er nutzt gleich die Gelegenheit und bettelt am Tisch um ein Stück Fleisch. Doch Oma schickt ihn auf seinen Platz zurück.

Noch vor dem Essen hat Tom sein Zauberbuch in der Gartenlaube versteckt. Der grüne Stein steckt tief unten in der Tasche seiner Pyjamahose.

Nach dem Essen spielen alle zusammen „Mensch ärgere dich nicht“. Kai ist immer noch ganz still. Die Großeltern wundern sich schon. Nach drei Spielen schicken sie die Kinder ins Bett.

Auch als die Großeltern nicht mehr in der Nähe sind, hält Kai sich zurück. Er hat anscheinend Angst, wieder verzaubert zu werden. Tom ist das nur recht. Zufrieden legt er sich in sein Bett und schläft bald ein.

In dieser Nacht ist es Kai, der nicht schlafen kann. Er überlegt fieberhaft, wie er hinter das Geheimnis seines Bruders kommen kann, ohne wieder verhext zu werden. Erst einmal muss er ihn heimlich ausspionieren.

Am nächsten Morgen brechen die Kinder mit ihren Großeltern gleich nach dem Frühstück auf. Kai lässt Tom keinen Moment aus den Augen, doch er kann nichts Ungewöhnliches entdecken.

Als sie im Zoo angekommen sind, schauen sie sich zuerst die Affen an. Elisa jubelt. Die Affen spielen Fangen und bewerfen sich gegenseitig mit Obst. Bei den Tigern versteckt sich Elisa ängstlich hinter Omas Rücken.

„Du dummes Mädchen! Die können doch nicht raus“, sagt Kai von oben herab. Oma sieht ihn stirnrunzelnd an. Deshalb hält er danach lieber den Mund.

Bei den Giraffen staunen alle, wie groß schon die jungen Tiere sind. Zum Abschluss gehen sie in eine Delfinshow. Die Kinder sind begeistert.

Auf der Heimfahrt schlafen die drei Geschwister glücklich und erschöpft auf dem Rücksitz. Zu Hause schmiert Oma ihnen noch ein paar Brote und steckt dann alle ins Bett.

Kai ist enttäuscht. Er konnte nichts Neues herausfinden. Tom hat sich wie immer verhalten.

6. Kapitel

Schon ganz früh am nächsten Tag schleicht sich Tom nach unten. Kai bemerkt es nicht. Er schläft noch tief und fest. Im Schlafanzug und barfuß geht Tom in die Laube und liest dort in seinem Zauberbuch. Er findet heraus, dass er sich auch selbst Zaubersprüche ausdenken kann, und überlegt, was er sich wünschen könnte. Doch jetzt, wo er alles haben kann, fällt ihm auf die Schnelle gar kein Wunsch mehr ein.

Er versteckt das alte Buch wieder sorgfältig in der Gartenlaube und geht grübelnd ins Haus zurück. Max liegt zusammengerollt auf dem Wohnzimmersofa und hebt nur blinzelnd den Kopf, als Tom hereinkommt. Dann schläft er sofort wieder ein. Oma liest gerade die Morgenzeitung. „Du bist schon wach? Wasch dich und zieh dich an! Sonst erkältest du dich noch."

Gehorsam geht Tom nach oben.

Als er seine Anziehsachen holt, wacht Kai auf und beäugt ihn misstrauisch.

„Na, du Maus!", zischt Tom boshaft und geht wieder aus dem Zimmer.

Kai ist verärgert. „Na, warte, das bekommst du alles zurück!", flüstert er leise.

Heute ist der letzte Tag bei Oma und Opa. Gemeinsam beschließen sie, im Garten zu bleiben. Elisa und

Tom bauen im Sandkasten eine Burg. Kai sitzt abseits und tut so, als ob er mit seinen Autos spielen würde. In Wirklichkeit aber beobachtet er Tom.

Weil wieder nichts Außergewöhnliches passiert, nimmt sich Kai fest vor, zu Hause Toms Zimmer gründlich zu durchsuchen. Dann wird er schon hinter das Geheimnis seines Bruders kommen – und zur Abwechslung ja vielleicht sogar einmal Tom in irgendein Tierchen verwandeln …

Hinterhältig fängt Kai an zu grinsen. Als Tom das bemerkt, wird er unruhig. Offenbar führt sein Bruder etwas im Schilde. „Ich muss auch zu Hause gut auf mein Zauberbuch und meinen grünen Stein aufpassen“, denkt Tom.

Papa kommt am nächsten Morgen nach dem Frühstück. Voller Freude umarmen ihn die Kinder. Doch dann gibt es viele Tränen beim Abschied von Oma und

Opa. Sogar Max stößt ein paar Seufzer aus. Dennoch freut sich Tom schon auf zu Hause.

Als er nach der langen Fahrt die Autotür aufstößt, springt Jack wie verrückt an ihm hoch. Auch Tom hat seinen Hund sehr vermisst.

Einige Tage später schmökert Tom wieder in seinem Zauberbuch. Da schießt ihm eine tolle Idee durch den Kopf: Er könnte doch einfach Kai in einen netten Bruder verzaubern, der so richtig freundlich zu ihm ist. Schnell denkt er sich einen geeigneten Zauberspruch aus und versteckt dann das Buch unter alten Decken im Schuppen. Dort ist es sicher und Kai kann Toms Zimmer noch so oft auf den Kopf stellen.

Schließlich beginnt die Schule. In der Pause denkt Kai sich wieder Streiche aus. Vor den anderen Schülern fühlt er sich stark und glaubt, dass Tom sich nicht trauen wird, seine Zauberkräfte anzuwenden. Gerade möchte er einen Witz auf Kosten seines Bruders erzählen – aber alles, was aus seinem Mund kommt, ist: „Ich habe den besten Bruder der Welt. Ich liebe ihn über alles. Ohne ihn kann ich nicht sein! Tom, befiehl – und ich folge dir!"

Erschrocken hält sich Kai den Mund zu. Das hat er doch gar nicht sagen wollen! Die anderen Schüler wundern sich schon, ein paar fangen an zu kichern.

Kai möchte schreien: Na, warte, du Kröte! Jetzt hast du es schon wieder getan! Aber er ruft: „Ich bete den Boden unter deinen Füßen an … Darf ich dir mein Pausenbrot geben? Soll ich dir meine Schleuder schenken?“ – Oh Gott, nicht die heiß geliebte Schleuder! Das darf doch nicht wahr sein!

Mittlerweile brüllen einige Kinder vor Lachen. Tom nimmt das Pausenbrot und die Schleuder dankend entgegen. Kai läuft vor Wut rot an, trotzdem kann er

nicht anders. Jetzt muss er sich auch noch vor Tom verbeugen! Schnell sucht er das Weite, bevor er weitere dumme Sachen macht.

Am selben Abend bittet die Mutter Tom, sein Zimmer aufzuräumen. Er hat dazu mal wieder überhaupt keine Lust. Da kommt es ihm gerade recht, dass Kai an seiner Tür vorbeischlendert.

„Komm doch schnell zu mir herein,
du willst so gern
mein Aufräumdienst sein!",

denkt sich Tom übermütig einen passenden Zauberspruch aus.

„Nein, das nun wirklich nicht!", erwidert Kai, doch seine Füße tragen ihn unvermeidlich ins Zimmer seines Bruders. Er hasst Aufräumen wie die Pest, dennoch bückt er sich eilig nach herumliegenden Kleidungsstücken, sortiert Spielzeug in Kisten und Schränke und staubt sogar Toms Regale ab. Immer wieder versucht er damit aufzuhören und den Raum zu verlassen. Aber sein Körper tut genau das Gegenteil von dem, was er eigentlich möchte. Kai kann erst aus dem Zimmer gehen, als alles picobello aufgeräumt ist.

Natürlich wird Tom später von der Mutter dafür gelobt, wie sauber und ordentlich sein Zimmer jetzt aussieht.

Auf dem Schulhof führt Tom Zauberkunststücke vor: Er verwandelt einen Stein in einen Schmetterling und einen Ast in einen Marienkäfer. Alle halten das für gut einstudierte Zaubertricks, nur Kai weiß es besser.

Bald kann sich Tom vor neuen Freunden kaum noch retten. Sie nennen ihn jetzt nicht mehr „Fischmaul", sondern „Zaubermeister Tom Sprottinski" – genau, wie es sich Tom immer erträumt hat. Er ist glücklich.

Nur seinem Freund Kurt sagt Tom die ganze Wahrheit. Hoch und heilig muss Kurt schwören, niemandem etwas zu verraten.

Eines Tages beschließen Tom und Kurt, gemeinsam zu fliegen. Tom spricht einen passenden Zauberspruch und nimmt Kurt an die Hand. Plötzlich fühlen sich die beiden federleicht. Ihre Füße lösen sich sanft vom Boden und sie schweben höher und höher …

Das ist ein Erlebnis: Der Wind bläst ihnen kalt ins Gesicht, Tauben fliegen dicht an ihnen vorüber – und einmal, als Tom nicht aufpasst, prallen sie fast gegen einen Kirchturm!

Dass die größte Tratschtante des Ortes, Frau Holler, sie dabei beobachtet, erfährt Tom erst am nächsten Nachmittag. Frau Holler ist schnurstracks in die Metzgerei gelaufen und hat allen von ihrer Entdeckung be-

richtet: „Stellt euch vor, gerade sind zwei Kinder am Kirchturm vorbeigeflogen! Ich glaube, es waren Buben, aber ich hatte meine Brille nicht auf – und ihr wisst ja, wie schlecht ich ohne sie sehe."

Die Kunden in dem Geschäft sahen Frau Holler erst seltsam an, dann begannen sie schallend zu lachen.

Seit diesem Tag hält sich Frau Holler mit der Verbreitung von Neuigkeiten zurück.

Tom aber ist sich klar darüber, dass er seine Zauberkunst in der Öffentlichkeit lieber nicht so sehr zur Schau stellen sollte. Er und Kurt beschließen, in Zukunft vorsichtiger zu sein.

Kurze Zeit später steht die erste Klassenarbeit an: Textaufgaben zum Rechnen mit Größen – nicht gerade Toms Spezialität. Dennoch übt er diesmal kein bisschen. Er verlässt sich ganz auf seine Zauberkünste. Am Abend vorher denkt er sich einen Spruch aus und sagt ihn laut mit dem Zauberstein in der Hand:

„Liro Laro Leins!
Morgen schreib ich eine Eins!“

Der grüne Stein fängt tatsächlich an zu leuchten. Trotzdem macht Tom in dieser Nacht kaum ein Auge zu. Auch am nächsten Morgen bekommt er keinen Bissen hinunter. Was ist, wenn der Zauber doch nicht hilft? Vielleicht hätte er wenigstens ein bisschen für die Arbeit üben sollen …

Während der Arbeit glaubt Tom, alles falsch zu machen. Er versteht einfach gar nichts. Die Zahlen flimmern kreuz und quer vor seinen Augen.

Traurig schleicht er nach der Schule nach Hause. Es hat also nicht geklappt! Als Mama ihn fragt, wie es gelaufen ist, murmelt er nur: „Och, ganz gut!“ Dann verzieht er sich unglücklich in sein Zimmer und macht zum ersten Mal seit Tagen Hausaufgaben. Nachmittags kommt Kurt vorbei, um ihn zu trösten.

Am nächsten Tag hat Lehrer Stein die Arbeit schon korrigiert. Er gibt sie jedem einzeln zurück. Tom rutscht schwitzend auf seinem Stuhl hin und her und wartet, bis er an der Reihe ist. Was wird Stein bloß zu Toms erster Sechs sagen?

Schließlich legt der Lehrer Toms Arbeit vor ihn hin. Unten rechts steht eine große Eins mit Stern. „Toll gemacht, Tom. Ich bin stolz auf dich!“, sagt der Lehrer und klopft dem Jungen auf die Schulter.

Tom grinst glücklich. Es hat also doch funktioniert. Jetzt muss er nie mehr üben. Das wird ein tolles Leben werden!

Als er die Arbeit mit der von Kurt vergleicht, merkt er, dass fast alle Aufgaben falsch gerechnet sind. Herr Stein scheint es nur nicht bemerkt zu haben. Er hat überall *gut* dahintergeschrieben. Der Zauberstein ist wirklich eine Wucht!

Aber was werden seine Eltern sagen? Sicher werden sie denken, dass der Lehrer entweder verrückt geworden oder beim Korrigieren betrunken gewesen ist.

„Denk dir doch für deine Eltern einfach auch einen Zauberspruch aus“, meint Kurt nach der Schule.

Tom überlegt kurz. Dann sagt er:

„Kuro Kero Kirokahr!
Die Eltern halten es für wahr!“

Zufrieden gehen die Jungen nach Hause.

Und tatsächlich unterschreibt Mama die Klassenarbeit, ohne etwas zu merken. „Du kannst ja ganz toll rechnen! Mach weiter so!“, ruft sie und drückt Tom stolz an sich.

Da kommt Kai hinzu und sieht sich Toms Arbeit an. „Das ist doch alles falsch gerechnet! Ist dein Lehrer denn vollkommen blind?“, ruft er fassungslos.

Mama schaut Kai nachdenklich an. „Du bist doch schon in der fünften Klasse. Trotzdem kannst du diese Aufgaben anscheinend immer noch nicht. Ich rede heute Abend mit Papa. Kai, du brauchst unbedingt Nachhilfe. Morgen fangen wir an!“

Wütend starrt Kai seinen Bruder an, aber der grinst bloß schadenfroh. Ja, Toms neues Leben ist wirklich toll: Er braucht nie mehr etwas für die Schule zu tun und Kai muss zusätzlich Nachhilfe nehmen. Da muss man doch einfach grinsen!

Seit diesem Tag lernt Tom überhaupt nicht mehr. Trotzdem hat er immer nur Einsen, egal wie falsch alles ist. Statt seiner Hausaufgaben gibt er leere Hefte ab – und weder Herr Stein noch seine Eltern merken etwas. Der Lehrer klebt sogar Sterne unter die leeren Seiten und schreibt daneben *Prima gerechnet!* oder *Du hast eine sehr schöne Schrift.*

Tom lacht sich jedes Mal kaputt, wenn er in seine Hefte schaut.

7. Kapitel

Doch mit der Zeit verändert sich Toms Freundschaft zu Kurt. Immer häufiger ist Kurt sauer, weil Tom nur noch mit den Jungen spielt, die ihn früher nicht leiden konnten.

Als Tom wieder einmal eine Verabredung mit Kurt absagt, platzt diesem der Kragen: „Die spielen doch bloß mit dir, weil du zaubern kannst. In Wirklichkeit mögen sie dich nicht mehr als früher. Das sind nicht deine echten Freunde … Außerdem bist du strohdumm! Du hast zwar lauter Einsen, aber du kannst doch eigentlich überhaupt nichts. Alles, was du schreibst und rechnest, ist völlig falsch! Ich will nicht mehr der Freund von so einem Betrüger sein!" Damit läuft Kurt davon.

Tom ärgert sich sehr. Er überlegt, in was er Kurt verwandeln soll. Nur ganz tief im Innern fühlt er, dass sein Freund nicht unrecht hat mit seinen kritischen Anmerkungen.

„Was soll's!", sagt er sich schließlich und läuft zu seinen neuen Kumpeln. Sie spielen auf dem Sportplatz Fußball gegen eine Mannschaft der Nachbarschule. Natürlich ist Tom jetzt der beste Stürmer der Gegend.

Dafür hat er schon mit einem Zauberspruch gesorgt. Nach seinem fünfzehnten Tor haben die Gegner aber keine Lust mehr und gehen nach Hause.

In der Schule geht Kurt Tom von nun an aus dem Weg. Trotzig spricht auch Tom seinen früheren Freund nicht mehr an – obwohl er ihm sehr fehlt.

Zugeben würde Tom das jedoch nicht.

Als Tom einige Tage später mit Freunden ins Schwimmbad geht, nutzt Kai die Gelegenheit. Er hat beobachtet, wie Tom eines Abends in den Schuppen geschlichen ist und sich dabei vorsichtig umgesehen hat.

Kai schaut hinter jeden Farbeimer, durchwühlt die alte Kartoffelkiste und muss immer wieder niesen, weil er so viel Staub aufwirbelt. Schließlich findet er das Zauberbuch unter den zerlumpten Decken. Er liest darin – und versteht plötzlich alles, was geschehen ist.

Aus dem Buch erfährt er auch von dem Zauberstein, kann ihn jedoch nirgends finden. „Na ja, der wird schon nicht so wichtig sein", denkt Kai.

Dann spricht er die Formel, die jetzt ihn zum Nachfolger des großen Miromax Miranox machen soll:

„Mire Mare Masselbar,
einst Miromax der Meister war.

Sure Sare Sauselbein,
nun wird es Kai, der Große, sein!“

Nachdem er sich noch einen passenden Zauberspruch für Tom ausgesucht hat, setzt er sich auf Toms Bett und wartet ungeduldig auf seinen Bruder.

Tom springt vom Dreimeterbrett. Auch im Schwimmen ist er nicht mehr zu schlagen. Später spielen er und seine neuen Freunde Wasserball. Kurt liegt allein auf der Wiese und beachtet ihn nicht.

Wieder zu Hause läuft Tom nach oben in sein Zimmer, um die Badesachen aufzuräumen. Als er die Tür aufmacht, sieht er seinen Bruder auf dem Bett sitzen. Erschrocken bleibt er stehen.

Triumphierend hält Kai das Zauberbuch hoch und beginnt einen Spruch zu murmeln.

Tom erstarrt, sein Gesicht ist kreidebleich. Alles ist verloren! Nun wird Kai wieder der Stärkere sein – und ihn sicher gnadenloser ärgern als je zuvor …

Wie durch Nebel dringen die Worte seines großen Bruders an Toms Ohr:

„Hiru Hora Hühnerbein!
Du bist jetzt ein dickes Schwein!“

Voller Angst sieht Tom an sich herunter. Doch zu seiner großen Erleichterung erblickt er immer noch seine eigenen Beine und keine Schweinsfüße. Mehrmals wiederholt Kai die Zauberformel und zeigt dabei immer verzweifelter auf Tom. Aber es passiert – nichts!

In diesem Augenblick erinnert sich Tom an seinen Zauberstein und holt ihn aus der Tasche.

„Hiru Hora Hühnerbein …“, beginnt nun er mit der Zauberformel, doch Kai hat den Stein entdeckt und stürzt sich auf seinen Bruder. Sie kämpfen miteinander. Tom wehrt sich mit aller Kraft, aber schon nach kurzer Zeit ist Kai über ihm und drückt seine Hand auf den Boden. Dann kniet sich Kai auf Toms Arme

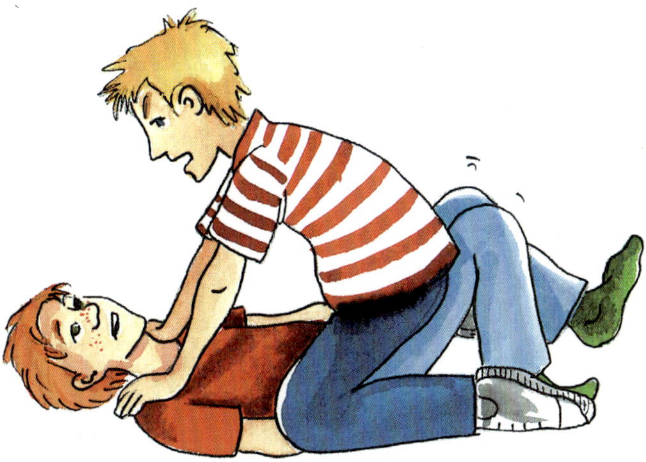

und fängt an, die Faust seines Bruders Finger um Finger aufzubiegen.

Tom fühlt sich so elend wie nie zuvor. Kai wird also schließlich doch gewinnen … Verzweifelt versucht Tom noch einmal, seine Hand wegzuziehen, aber Kai ist einfach stärker. Fast hat er Toms Faust endgültig aufgebogen, da stößt dieser mit letzter Kraft hervor:

„Hiru Hora Hühnerbein!
Du bist jetzt ein dickes Schwein!“

Kais Miene verzieht sich von einem Grinsen zu einer Grimasse voller Furcht. Langsam, aber unaufhaltsam nimmt sein Gesicht die Züge eines Ferkels an. Auch sein Körper schrumpft zu einem kugelrunden Schweineleib zusammen. Die Hand, die gerade noch kraftvoll Toms Arm gehalten hat, verwandelt sich in einen kleinen Huf.

Tom stößt das Schweinchen weg. „Falls du so etwas noch einmal versuchst, verwandle ich dich für immer in eine warzige Kröte!“, sagt er scharf. Er reißt sein Zauberbuch an sich und verlässt erleichtert das Zimmer.

Kai quiekt enttäuscht vor sich hin. Wenn er an sich herunterblickt, sieht er rosige Schweinefüße. Wie hat er nur so dumm sein können, die Bedeutung des Zaubersteins zu unterschätzen?

Eine Weile später kommt Mama mit einem Stapel gebügelter Wäsche ins Zimmer. Als sie Kai in seiner neuen Gestalt erblickt, bleibt sie wie erstarrt stehen, lässt die Wäsche fallen und fängt selbst an zu quieken: „Hui, iiiiie, Tom! Tooooom! Komm sofort hierher!“, schreit sie immer wieder.

Tom stürmt erschrocken herbei. Oje, ihre Mutter hat den „neuen Kai“ entdeckt!

„Was soll das Schwein in deinem Zimmer? Bist du jetzt vollkommen verrückt geworden? Schaff es sofort raus!“, kreischt sie.

„Aber es ist doch ein ganz besonderes Schwein! Es kann Kunststücke!“, versucht Tom sich herauszureden. Tatsächlich stellt sich das Ferkel Kai jetzt auf die Hinterpfoten und macht Männchen!

„Bring es dahin zurück, wo du es herhast! Sofort! Sonst setzt es was!“, ruft Toms Mutter wütend.

Als hätte das Schwein verstanden, läuft es an ihr vorbei aus dem Zimmer. Es stürmt ungeschickt in den Garten hinunter. Jack, der gerade einen Knochen vergräbt, erblickt das Ferkel und jagt es mit lautem Gebell mehrmals um den Schuppen.

Nun hält es Tom doch für besser, den Zauber zurückzunehmen. Gerade war Jack noch hinter einem Schwein her – da sitzt plötzlich Kai auf allen vieren vor dem Hund im Gras. Verwirrt blickt Jack sich um, aber seine Beute bleibt spurlos verschwunden.

Mama kommt aus dem Haus und sieht sich ebenso ratlos um. Auch sie kann das Schwein nirgends mehr entdecken. „Wo ist es denn hin, das Ferkel?"

„Jack hat es verscheucht", antwortet Tom. Dann ergreift er den Stein und murmelt leise:

„Biro Baro Bein!
Vergiss das Schwein!"

Und tatsächlich wendet Mama sich plötzlich ab und sagt zu sich selbst: „Was mache ich denn hier im Garten? Ich wollte doch gerade die Wäsche aufräumen." Kopfschüttelnd geht sie ins Haus zurück.

Kai steht auf und folgt ihr. „Lass mich bloß in Ruhe!", schnauzt er, als er an Tom vorbeiläuft. Er sieht ihn dabei nicht einmal an.

Irgendwie fühlt sich Tom komisch.

8. Kapitel

Es dauert nun nicht mehr lange, da gibt Tom seine erste Zaubervorstellung vor einem großen Publikum. Die Zuschauer sind ganz schön verblüfft, als er seinen Hund Jack verschwinden lässt. Dann taucht dieser plötzlich in der hintersten Zuschauerreihe wieder auf! Tom bekommt tosenden Applaus. Alle sind sich einig, dass er tolle Zaubertricks eingeübt hat. Nur Kai und Kurt wissen: Es sind gar keine Tricks.

Von nun an hat Tom noch mehr Freunde. Sie bewundern ihn und wollen mit ihm spielen. Trotzdem hat er niemanden zum Reden. Niemanden, mit dem er wirklich alle Geheimnisse und Gedanken teilen kann. Kurt fehlt ihm sehr!

In der Schule ist Tom jetzt Klassenbester. Er schreibt ja nur noch Einsen. Zu Hause aber hat er große Mühe, wenn er etwas ausrechnen oder ein paar Zeilen lesen möchte. Sogar seine kleine Schwester Elisa liest inzwischen besser als er. Die guten Noten sind eben nicht echt, nur herbeigezaubert. Er selbst kann fast gar nichts. Jeder andere in seiner Klasse ist in Wirklichkeit besser als er.

„Mir doch egal!", denkt Tom manchmal trotzig. „Ich bin der große Zauberer Tom Sprottinski und kann alles erreichen, was ich will!"

Eines Tages unternimmt Toms Klasse einen Ausflug. Die Kinder wandern zu einer Burgruine und machen dort ein Picknick. Tom erkundet nach dem Essen allein das alte Gemäuer. Als er über eine verfallene Burgmauer klettert, sieht er im Augenwinkel etwas, das sich langsam bewegt. Tom bleibt wie erstarrt stehen. Was kann das sein? Ein Gespenst? Er blickt sich um, kann aber nichts entdecken.

Mit klopfendem Herzen schleicht er um die nächste Ecke. Plötzlich steht sie direkt vor ihm: eine alte, bucklige Frau mit faltigem Gesicht. Sie sieht den Jungen aus schwarzen Augen grimmig an. Eine Hexe?!

Die anderen Kinder der Klasse spielen inzwischen „Schwarzer Mann“. Sven ist über einen Steinhaufen gestolpert und hat sich das Knie aufgeschlagen. Herr Stein verarztet ihn. Wenig später gibt es eine Prügelei zwischen Johannes und Michael. Schnell läuft der Lehrer hinüber und trennt die beiden Streithähne.

Alle sind beschäftigt. Niemand bemerkt, dass Tom verschwunden ist. Keiner kann ihm helfen.

Tom dreht sich um und will weglaufen. Er hat vor lauter Angst völlig vergessen, dass er der große Zauberer Tom Sprottinski ist. Hinter sich hört er ein Geräusch.

Er blickt über seine Schulter und sieht, wie die Alte den Finger auf ihn richtet. Dann sagt sie mit tiefer Stimme:

„Era Mera Meh,
sei jetzt starr und steh!"

Schlagartig kann er sich nicht mehr bewegen. „Oh Gott, die alte Frau ist tatsächlich eine Hexe!", schießt es ihm durch den Kopf.

Langsam kommt sie auf ihn zu und sieht ihn dabei bitterböse an.

„Das ist mein Ende", denkt Tom. Er zittert.

Die Hexe steht jetzt genau vor Tom und blickt ihm tief in die Augen. Voller Furcht starrt der Junge zurück.

„Du!", sagt die alte Frau mit scharfer Stimme. „Du hast wunderbare Zauberkräfte. So viel Glück hat nicht jeder! Und was machst du? Statt Gutes zu tun, bist du faul und gemein geworden. Du lernst nichts. Weder in der Schule noch über die Menschen. Du hast fantastische Kräfte, aber du hilfst niemandem. Nein, du unterdrückst und beeinflusst die anderen. Pass gut auf, sonst wirst du die Freundschaft und Liebe deiner Freunde und deiner Familie verlieren! Dann hast du nichts mehr und bist ganz allein!"

Nach diesen Worten verschwindet die alte Frau. Sie löst sich einfach in Luft auf.

Es dauert eine ganze Weile, bis Tom spürt, dass er sich wieder bewegen kann. Vorsichtig blickt er sich um. Er kann keine Spur mehr von der Hexe entdecken. Langsam beruhigt sich Toms Herzschlag. Was wollte die Alte nur von ihm?

Je mehr Toms Angst nachlässt, desto mutiger fühlt er sich wieder. Und auf dem Weg zurück zu seinen Mitschülern verdrängt er jeden Gedanken an die Worte der alten Frau.

Als Tom wieder bei der Klasse ist, spielt Kurt gerade Verstecken mit Paul und Marina. Nach einer Weile lädt Paul Tom ein, auch mitzuspielen. Es macht allen Spaß – bis Tom mit dem Suchen an der Reihe ist. Er findet die anderen schon nach wenigen Sekunden, denn er setzt wieder einmal seine Zauberkräfte ein.

Kurt kommt aus seinem Versteck und schreit: „Mir reicht es! Ich spiele nicht mehr mit! Der betrügt doch!"

Zitternd vor Wut will er weglaufen, Tom packt ihn jedoch am Arm und kreischt zurück: „Das wird dir noch leidtun! Ich verwandle dich in einen Wurm!"

Aber als er die ersten Worte eines Zauberspruchs sagt, sieht er die Angst in Kurts Augen. Tom erstarrt. Sein bester Freund, nein: sein ehemaliger bester Freund, hat Angst vor ihm. Er fürchtet sich richtig!

Was ist nur aus ihm geworden? Menschen, die ihm nah und wichtig gewesen sind, haben tatsächlich Angst vor Tom. Auch an seinen Bruder Kai muss er denken.

Tom besitzt außergewöhnliche Kräfte – und trotzdem ist er allein. Die anderen mögen nicht ihn, sondern die Tatsache, dass er stark und mächtig ist. Die alte Frau hat doch recht gehabt …

Mit gesenktem Kopf wendet Tom sich ab und geht traurig davon.

Nachts im Bett überlegt Tom, was er von nun an anders machen könnte. Oder ist es schon zu spät? Hat er Kurt endgültig als Freund verloren?

Er beschließt, ab morgen seine Zauberkräfte nicht mehr für die Schule zu gebrauchen. Er will wieder selbst lernen. Wenn er daran denkt, was er alles nachholen muss, wird ihm ganz schlecht. Aber er wird es schaffen, das nimmt sich Tom fest vor.

Überhaupt wird er seine Kräfte nur noch zu wichtigen Anlässen benutzen. Er will ab jetzt anderen helfen. Etwas beruhigt schläft Tom schließlich ein.

9. Kapitel

Die nächsten Wochen sind schlimm. Tom bringt fast nur noch Sechsen mit nach Hause. Seine Eltern und seine Lehrer sind schockiert, weil er plötzlich so schlecht ist. Doch ganz langsam werden seine Noten wieder besser – so wie in der Zeit, bevor er das alte Buch von Miromax gefunden hat.

Auch mit Kai versteht er sich nach und nach besser. Kai wird zwar wieder frecher, aber er ärgert ihn nicht mehr so wie früher, weil er immer noch großen Respekt vor Tom hat. Die beiden Brüder nehmen nun einfach ein bisschen mehr Rücksicht aufeinander.

Nur Kurt geht ihm weiterhin aus dem Weg. Was Tom auch anstellt, Kurt glaubt ihm nicht, dass er sich wirklich geändert hat. Dabei hat er sich sogar bei ihm entschuldigt. Dass sein bester Freund ihn nicht mehr mag, tut Tom am meisten weh.

Weitere Wochen vergehen, die Sommerferien rücken näher. Zum Schluss des Schuljahres veranstaltet die Schule immer ein Sommerfest. Dieses Jahr soll für den städtischen Tierpark gesammelt werden, da es nicht mehr genug Geld für Futter gibt. Ohne fremde Hilfe muss der Zoo wahrscheinlich sogar schließen. Alle Klassen studieren etwas ein. Die Kinder wollen Eintritt verlangen und Spenden eintreiben, damit die Tiere nicht hungern müssen.

Der Lehrer fragt Tom, ob er nicht eine Zaubervorstellung geben könne. So würde bestimmt noch mehr Geld zusammenkommen.

Tom zögert. Seit dem Tag an der Burgruine hat er seine Zauberkräfte nicht mehr eingesetzt. Fast kommen sie ihm schon wie ein Traum vor. Er überlegt einen Tag lang, stimmt dann aber doch zu. Schließlich kann er so den Tieren helfen.

Ende Juli kommt der große Tag. Den ganzen Nachmittag haben die Kinder Lieder, Tänze und Spiele aufgeführt. Abends soll nun Tom vor allen Gästen in der Aula zaubern. Er lugt nervös durch den Vorhang und sieht, dass der große Saal bis auf den letzten Platz gefüllt ist. Tom wird ganz schlecht vor Aufregung. Unruhig läuft er hin und her.

Plötzlich steht Kurt vor ihm und sieht ihn ernst an. Tom blickt verwundert zurück. Da streckt Kurt ihm die Hand entgegen und flüstert leise: „Das schaffst du schon!“ Er lächelt unsicher.

Alle Aufregung fällt mit einem Mal von Tom ab. Er ergreift Kurts Hand und umarmt dann seinen besten Freund. Endlich vertragen sie sich wieder. Jetzt kann nichts mehr schiefgehen.

Mayernhofer Tageblatt, 30. Juli

Tierpark weiterhin geöffnet!

In einer beispiellosen Aktion der örtlichen Schule konnte genug Geld gesammelt werden, um dem Tierpark das Überleben zu sichern. Die Schule veranstaltete hierzu ein großes Sommerfest, auf dem Spenden von mehr als 1500 Euro gesammelt werden konnten.

Den krönenden Abschluss der Veranstaltung bildete die große Zaubervorstellung eines begabten jungen Zauberers. Thomas Sprott, ein zehnjähriger Schüler der Mayernhofer Grundschule, überzeugte als Zaubermeister Tom Sprottinski.

Von ihm werden wir noch hören!

Leseprobe aus:

Manfred Mai
Tobi sagt, was Sache ist

In der Reihe LEVEL 1, 2, 3 erschienen
im Hase und Igel Verlag, München
ISBN 978-3-86316-031-9 (LEVEL 3)
Begleitmaterial für Lehrkräfte
ISBN 978-3-86316-033-3

Tobi schlug die Augen auf. Aus dem Nebel kam ein riesiger Mund auf ihn zu und nuschelte unverständliches Zeug. Tobi wollte um Hilfe schreien, aber er konnte nicht und fiel zurück in den wohligen Traum.

Wie von fern hörte er seinen Namen. „Hallo, Tobias!"

Wieder schlug er die Augen auf. Der Mund war jetzt nicht mehr so riesig. Tobi merkte, dass er zu dem Gesicht von Dr. Schmidt gehörte.

„Er kommt zu sich", sagte der Mund.

„Tobias, was ist mit dir?", fragte eine vertraute und besorgte Stimme.

Tobi drehte den Kopf ein wenig und sah seine Mutter. Er wollte aufstehen.

„Langsam, langsam." Dr. Schmidt drückte ihn zurück auf die Unterlage.

Tobi musste liegen bleiben. Der Arzt stellte ihm ein paar Fragen und prüfte anschließend seine Reflexe.

„Du hast eine leichte Gehirnerschütterung“, sagte er nach der Untersuchung, „und musst einige Tage ruhig liegen. Dann verschwinden auch die Kopfschmerzen bald wieder.“

Er gab Tobis Mutter ein Rezept und erklärte ihr noch dies und das. Schließlich nahm sie Tobi auf den Arm und trug ihn hinaus.

Draußen wartete Arnold Schempp in seinem Auto. Er fuhr die beiden nach Hause. Dort legte die Mutter Tobi vorsichtig auf das Sofa im Wohnzimmer.

„Wie geht's dir?“, fragte sie besorgt. „Hast du einen Wunsch?“

„Ich möchte Schokolade“, antwortete er.

Die Mutter holte eine angebrochene Tafel und gab Tobi ein Stück. Den Rest legte sie auf den Tisch. „Ich muss schnell mit dem Arnold noch etwas besprechen. Bleib du schön liegen.“

Tobi nickte. Aber da dröhnte und pfiff es in seinem Kopf so furchtbar, dass er ihn am liebsten abgerissen hätte.

„Nicht wackeln!“, mahnte seine Mutter. „Du darfst nicht wackeln.“

Tobi blieb liegen und rührte sich nicht mehr. Langsam ließ das Dröhnen und Pfeifen wieder nach. Er schob die Schokolade in den Mund. Und weil seine

Mutter ewig mit Arnold Schempp redete, holte sich Tobi noch ein Stück Schokolade. Und noch eins. Nur ein kleines Eckchen ließ er übrig.

„Na, dir scheint es ja schon wieder recht gut zu gehen", sagte die Mutter, als sie hereinkam und den Rest Schokolade sah.

„Schokolade kann ich immer essen, auch mit einem Brummschädel."

Die Mutter lachte und setzte sich zu ihm. „Nun erzähl mir mal, wie das alles passiert ist."

„Was?", fragte Tobi.

„Na, was wohl? Der Unfall natürlich."

„Das will ich nicht erzählen."

Die Mutter sah Tobi erstaunt an. „Aber ich will es wissen."

„Also – ich Idiot bin hinter Philipp hergerast, so schnell ich konnte. Aber der war einfach schneller. Da bin ich furchtbar wütend geworden. Ich hab alles riskiert und eine Kurve geschnitten …" Als Tobi zu Ende erzählt hatte, fragte er sich verblüfft: Warum hab ich das jetzt alles gesagt? Das wollte ich doch gar nicht.

„Dann stimmt es also, was der Arnold mir …" Die Mutter wurde von der Haustürklingel unterbrochen.

Philipp kam vorbei, um zu erfahren, was mit Tobi los war.

„'ne Beule wie ein Ei hab ich", sagte Tobi. „Und in meinem Kopf fahren Panzer. Aber das Schlimmste ist, dass ich bei dem tollen Wetter die ganze Zeit hier liegen muss."

Verlegen stand Philipp herum. „Tut mir leid, ich ..."

„Du kannst ja nichts dafür, dass ich Blödmann dich unbedingt einholen wollte. Das war alles meine Schuld." Wieder wunderte sich Tobi über seine Worte. Warum sage ich denn dauernd Dinge, die ich gar nicht sagen will?, fragte er sich. Da stimmt doch etwas nicht.

„Jetzt braucht Tobias erst mal Ruhe", sagte die Mutter zu Philipp und schob ihn zur Tür. „Du kannst ihn ja morgen wieder besuchen."

„Tschüss, bis morgen."

„Tschüss!"

Als Philipp gegangen war, sah die Mutter Tobi eine Weile still an.

„Ich kann es nicht leiden, wenn du mich so anguckst." Er drehte sich zur Seite.

Die Mutter schüttelte nachdenklich den Kopf. „Du bist so verändert, Tobias. Irgendetwas stimmt da nicht." Sie setzte sich zu ihm aufs Sofa. „Kannst du mir sagen, wie viel drei mal vier ist?"

„Ich bin doch nicht doof, aber es sind Ferien."

„Sag mir's, bitte."

„Zwölf, damit du zufrieden bist. Und jetzt lass mich in Ruhe!"

Die Mutter sagte nichts mehr und ging hinaus.

Ein paar Tage später waren die Kopfschmerzen weg. Tobi durfte wieder aufstehen.

Er solle nur noch nicht Fußball spielen, boxen und mit dem Kopf gegen die Wand rennen, sagte Dr. Schmidt.

Es war also fast wie vor dem Unfall. Fast!

Dass etwas mit ihm nicht stimmte, hatte Tobi ja ziemlich bald gemerkt. Doch ganz sicher war er erst seit dem Besuch von Dr. Schmidt. Als der ihn fragte, womit man ihm eine Freude machen könne, antwortete Tobi: „Wenn ich Ihnen eine Spritze in den Po drücken darf."

Die Mutter war entsetzt. Auch Tobi erschrak über seine Worte.

Dr. Schmidt lächelte. „Ich kann diesen Wunsch zwar gut verstehen, aber nicht erfüllen."

Seither wusste Tobi also, was anders geworden war: Er konnte nicht mehr flunkern und lügen. Er musste immer die Wahrheit sagen, ob er wollte oder nicht. Ausgerechnet er, der so gerne Flunkergeschichten erzählte.